Einbandillustration: Dorothee Wolters, Köln
Einbandgestaltung: Bayerl & Ost GmbH, Frankfurt
Lithographie und Satz: Satz- und Reprotechnik GmbH, Hemsbach
Druck und Bindung: Druckhaus Beltz, Hemsbach
ISBN 3-89106-986-3

Wir können was, was ihr nicht könnt!

Ein Bilderbuch über Zärtlichkeit und Doktorspiele

von Ursula Enders (Text und Idee)
und Dorothee Wolters (Bilder)

anrich

Heute ist ein wunderschöner Tag.
Luzie hat ihre Freundinnen und
Freunde eingeladen.
Die Kinder wollen heute zum ersten Mal
eine ganze Nacht im Zelt schlafen.
Sie freuen sich schon auf den Abend.
Doch jetzt genießen sie erst einmal
die warme Sonne.

Niki und Pepe spielen mit Luzies neuen Babypuppen.
Das sind Zwillinge.
Seval liegt in der Hängematte und träumt von ihren Ferien bei den Großeltern in der Türkei.
Felix, Luzie und Pepes Hund Mäxchen spielen Fußball.

Luzie tritt den Ball mit einem kräftigen Schuß, und der landet – schwups – im Planschbecken. Mäxchen gleich hinterher.

„Los, wir machen eine Wasserschlacht!“ schlägt Seval vor.
Pepe, Felix und Niki sind begeistert.
Niki zieht schnell ihren Bikini aus.
Sie tobt am liebsten nackt.

Nur Luzie hat keine Lust, mitzumachen.
Sie mag nicht naßgespritzt werden.

Plötzlich ist Pepe sauer.
Niki hat ihm einen ganzen
Eimer Wasser über den Kopf gekippt.

Doch dann schmieden
die Jungen einen Plan.
Jetzt wollen sie
die Mädchen ärgern.
„Wir können was,
was ihr nicht könnt!
Wir können was,
was ihr nicht könnt!“
grölen Pepe und Felix
lauthals durch den Garten.

Stolz pinkeln die beiden so hoch und so weit sie können.

„Angeber! Angeber!“ antworten Niki und Seval. Die Mädchen sind nicht auf den Kopf gefallen und zeigen den Jungs erst einmal, was sie können. Auch Luzie lacht Pepe und Felix aus, denn sie kann selber richtig weit pinkeln. Aber sie hat keine Lust, den Jungen das vorzumachen. Das findet sie einfach doof. Pepe und Felix ärgern sich. Ihr Plan hat nicht geklappt. Die beiden sind stinksauer.

Nach einer Weile kriegen die Jungen sich ein
und wollen wieder mitspielen.
Die Mädchen sind einverstanden.

Seval möchte Mutter sein und ein Kind bekommen.
Pepe will das auch. In Wirklichkeit geht das nicht,
denn nur Frauen können Babys bekommen.
Aber Pepe findet es schön,
einmal eine Mutter zu spielen.

Babys zu bekommen, ist ganz schön anstrengend!

Was ist es geworden? Pepe und Seval sind neugierig, ob sie ein Mädchen oder einen Jungen bekommen haben.
Pepes Puppenbaby ist ein Mädchen.
Sie hat eine Muschi mit einem kleinen Kitzler.
Für die Muschi gibt es verschiedene Namen.
Niki nennt sie Möse, und Seval sagt Scheide.

Seval hat einen Jungen bekommen.
Der hat einen Pimmel und zwei Hoden.
Die Kinder nennen den Pimmel auch Penis oder Pippimann.
Zu den Hoden sagen sie manchmal Eier.

Beide Babys haben hinten ein Poloch.

Dann müssen die Puppenbabys gebadet werden.

Das kleine Mädchen hat großen Hunger.

Anschließend werden die Puppenbabys
noch gründlich untersucht.
Ein Glück, beide sind kerngesund!

Luzie und Felix möchten auch untersucht werden.

Jetzt sind die anderen Kinder an der Reihe.
Nikis kranker Rücken wird mit Creme behandelt.

Pepe hat Ohrenschmerzen. Die Untersuchung kitzelt ein bißchen.
Ein bißchen Kitzeln findet Pepe schön, viel Kitzeln findet er schrecklich.
Deshalb ist Felix ganz vorsichtig.

Plötzlich kommt Kai vorbei. Das ist Luzies großer Cousin.
Eigentlich ist Kai ganz nett und spielt mit Luzie, Felix und Pepe Fußball.
Jetzt möchte Kai mit Doktor spielen.
Doch das will Felix nicht.
Er findet es blöd, daß Kai manchmal die Hose aufmacht
und allen Kindern seinen Pimmel zeigen will.
Auch wenn die anderen den gar nicht sehen wollen.

Luzie will auch nicht mit Kai Doktor spielen,
denn der kann nicht richtig Doktor spielen.
Kai hat ihr schon mal an der Muschi weh getan.
Außerdem ist der für Doktorspiele
schon viel zu groß.
Deshalb sagt Luzie zu Kai, daß er abhauen soll.

Nachdem Kai verschwunden ist, machen die Kinder das Zelt einfach zu.
Mäxchen paßt gut auf,
daß niemand mehr stört.

Am Abend grillen die Kinder und Luzies Eltern am Lagerfeuer. Es gibt Würstchen und Kartoffeln in Folie. Luzies Papa liest eine spannende Geschichte vor.

Anschließend krabbeln die Kinder in ihre Schlafsäcke. Im Zelt ist es richtig gemütlich. Luzie, Pepe, Seval, Felix und Niki kuscheln ganz eng zusammen. Die Kinder schmieden Pläne für den nächsten Tag und träumen von Sommer-Puppen-Doktorspielen.